The Love
世界で一番
たいせつなあなたへ
マザー・テレサからの贈り物

文 片柳弘史
　　世界中に笑顔を広げるアーティスト
絵 RIE

PHP研究所

 はじめに

　マザー・テレサと初めて出会ったのは、23歳のときでした。
　人生の道に迷い、生きてゆくための手がかりを探していたわたしは、「マザーに会えば、きっと何かわかるに違いない」と思ってコルカタ（旧称・カルカッタ）を訪ねたのでした。リュックサックを背負って押しかけたわたしを、マザーはまるで、久しぶりに帰って来た孫のようにあたたかく迎えてくれました。あのときの喜びは、いまでもはっきり覚えています。わたしの人生で、一番うれしかった瞬間だと言っていいでしょう。
　マザーと出会った人はみな口をそろえて、「わたしこそ、世界で一番マザーから愛されている」と言います。おかしなことですが、たった5分だけしか会っていない人でもそう言うのです。わたしも、確かにそう感じました。どういうことでしょう。
　「たくさんの人が訪ねてきますが、わたしにとっては、そのとき目の前にいる人がわたしのすべてです」とマザーは言います。相手が誰でも、マザーはそのとき目の前にいる人を世界で一番愛していたのです。出会う人がみな「わたしこそ、世界で一番マザーから愛されている」と思ったのは、当然だったと言えるでしょう。自分のすべてを差し出すほどの愛で、相手をあたたかく包み込んでゆく人。それがマザーでした。
　マザーの人柄に魅了されたわたしは、そのままコルカタに残り、ボランティアとして働くことにしました。コルカタで過ごした1年あまりの間にわたしがマザーを通していただいた恵みを、ぎゅっと詰め込んだのがこの本です。
　この本は、マザーの言葉とRIEさんの絵、わたしのエッセイで構成されています。どのページから読んでいただいても構いません。読んでいて心に響く言葉があれば、その言葉こそ、マザーがそのとき皆さんに語りかけている言葉です。心の中でしっかり受け止め、皆さんからもマザーに話しかけてみてください。この本を通して皆さんがマザーと出会い、「わたしこそ、世界で一番マザーから愛されている」と感じることができるよう、心から祈っています。

あなたは、
愛されて生まれてきた
大切な人。

You are a precious one,
who was born in love.

あなたは
大切な人

　ある日、オーストラリアから一人の女性がマザー・テレサを訪ねてやって来ました。ジーンズのオーバーオールに麦わら帽子、ついさっきまで畑でトラクターを運転していましたというような格好でインドまでやって来た彼女を見て、わたしはとても驚きました。「こんな格好で、何をしに来たんだろう」と思ったのです。

　話を聞いているうちに、だんだん事情がわかってきました。オーストラリアの大平原で農業を営んでいるという彼女は、アルコール中毒の夫から暴力を振るわれ、息子にまで暴力を振るわれているとのことでした。自殺を真剣に考えているとき、彼女はふと「どうせ死ぬなら、一度でいい、憧れのマザー・テレサに会ってから死にたい」と思ったそうです。そして、着のみ着のまま、インド行きの飛行機に乗ったのでした。

マザーはとても忙しかったのですが、本当に助けを必要としている人が来れば、すぐに時間をとってくれる人でした。マザーは彼女の手をしっかり握りしめ、あたたかな笑みを浮かべながら、1時間ほど彼女の話を聞きました。話が終わった彼女は、わたしの方にやって来て言いました。「これで用が済んだから、オーストラリアに帰ります。死ぬのはやめました。わたしのことをこんなに大切にしてくれる人が一人でもいるなら、死ぬのはもったいない」。こうして彼女は、生きる力をとり戻し、国に帰って行ったのでした。

　自分のことを本当に大切に思ってくれる人がたった一人でもいれば、どんなことがあっても生きていける。それが、人間なのでしょう。苦しみのどん底にある人に、マザーは「命を大切にしなさい」などと説教することはありませんでした。ただ、心の底からの笑顔と、力強く握りしめた手のぬくもりによって、「あなたは、わたしにとって大切な人です」と無言のうちに伝えるだけでした。自分のすべてを差し出して愛を伝え、愛の力で相手を立ち上がらせる人。それがマザー・テレサだったのです。

周りの人から受け入れられず、
自分でさえ自分を
受け入れられないときでも、
神さまはあなたを
受け入れて下さいます。

When not accepted by others, even by yourself,
God is the one who accepts you.

自分を
受け入れる

　自分の思った通りに生きられないときや、何か大きな失敗をしてしまったとき、わたしたちはつい「もうだめだ。どうせわたしなんか」と思ってしまいます。人から受け入れてもらえないだけでなく、自分自身でさえ自分を受け入れられなくなってしまうのです。なぜでしょう。

　それはきっと、わたしたちの心のどこかに、「こんなはずじゃなかった」という思いがあるからです。「こんな会社に入るはずじゃなかった」、だから「もうだめだ」。「こんな失敗をするはずじゃなかった」、だから「もうだめだ」、ということになるのです。

　でも、どうして「こんなはずじゃなかった」と言えるのでしょう。それは、思い込みでしかありません。わたしたちは、自分で勝手に「こんなはず」の自分、理想の自分を作り上げ、その理想通りにならない自分を責めてしまうのです。わたしたちを苦し

めるのは、起こったことそのものではなく、実はわたしたち自身なのです。

「自分でさえ自分を受け入れられないときでも、神さまはあなたを受け入れて下さいます」とマザー・テレサは言います。神さまがありのままのわたしたちを受け入れて下さっているのに、「いえ、それでもわたしは自分を受け入れられません」と言い張って、自分を苦しめ続ける必要があるでしょうか。自分で自分を苦しめるのはもうやめましょう。自分をゆるしてあげましょう。

　こう考えてはどうでしょう。神さまとわたしたちの関係は、茶碗と、それを作った陶芸家に似ています。もし茶碗がしゃべって、「わたしは失敗作だ。価値がない」と言ったら、それは茶碗を作った陶芸家を侮辱していることに他なりません。もしわたしたちが、「自分はだめな人間だ。価値がない」と言えば、それはわたしたちを創って下さった神さまを侮辱しているのと同じなのです。自分の思った通りでなかったとしても、神さまの作品であるわたしたちには無限の価値があります。わたしたちは誰もが、神さまの最高傑作なのです。

愛されるために、
自分と違ったものに
なる必要はないのですよ。
ありのままで愛されるためには、
ただ心を開くだけでいいのです。

You do not have to be different to be loved.
Only open your heart to be loved as you are.

ただ心を
開くだけで

　仕事ができるから、料理が上手だから、服のセンスがいいから、自分には愛される価値がある。わたしたちは、ついそんな風に考えてしまいがちです。ですが、「何かができるから、わたしには愛される価値がある」という考え方はわたしたちを幸せにしてくれません。「何かができるから、わたしには愛される価値がある」と考えている人の心の奥底には、「何かができなければ、わたしには愛される価値がない」という思い込みがあるからです。

「何かができなければ、わたしには愛される価値がない」と思い込んでいる人は、何かができるようになると、「わたしは愛される価値のある人間だ」と思ってうぬぼれます。誰かから愛されたとしても、「愛されて当然だ」と思って感謝することがありません。そして、何もできなくなると、途端に「自分はだめな人間だ」と決めつけます。もし誰かから愛されたとしても、「わたしなんか愛される価値がな

い」と思い込んでいるので、素直に受け入れることができません。「何かができなければ、わたしには愛される価値がない」と思い込んでいる人は、周りの人から愛されるために、自分でも自分を愛せるようになるために、一生「できる自分」を演じ続けなければならないのです。

　どうしたら、そんな不幸な思い込みから抜け出すことができるのでしょう。「ただ心を開くだけでいい」とマザー・テレサは言います。「何かができなければ、わたしには愛される価値がない」という思い込みを捨て、無条件の愛に心を開けばいいのです。何かが「できる」からではなく、わたしたちがわたしたち「である」という理由だけで、わたしたちを受け入れてくれる愛がある。そのことを信じればいいのです。

　一番の不幸は、ありのままのわたしたちを愛してくれる人が目の前にいるのに、「わたしなんか愛される価値がありません」と拒んでしまうことです。目の前にある愛に心を開きましょう。幸せになるためには、ただそれだけでいいのです。

ありのままの自分を
受け入れることができれば、
どんな悪口もあなたを
傷つけることができないし、
どんな称賛もあなたを
思い上がらせることができません。

*If you can accept yourself as you are,
no slander can hurt you, and
no admiration can make you arrogant.*

ありのままの
自分

　わたしは写真を撮るのが趣味で、ときどき頼まれて人の写真を撮ることもあるのですが、撮った写真を見せると怒り出す人がいます。「わたしはこんなに太っていない。あなたの腕が悪い」と言うのです。無茶な話ですが、他人事と思って笑うことはできません。この人と同じように、わたしたちは、受け入れがたい現実を突きつけられると怒り出し、相手のせいにしてしまうことが多いのです。

　たとえば友だちや家族から自分の弱さや欠点を指摘されたとき、現実の自分を受け入れられない人、実際の自分よりちょっとだけいい「理想の自分」を心の中に作り上げている人は怒り出します。そして、「あなたの見方が間違っている。あなたなんかに何がわかるの」と、相手のせいにしてしまうのです。腹が立つのは、受け入れがたい現実を突きつけられたしるし、痛いところを突かれたしるしだと言っていいでしょう。

弱さや欠点を抱えた自分を、それでもかけがえのない大切な自分として受け入れている人には、そんなことがありません。もし悪意で「あなた、太ってるわね」と言う人がいても、「そう、太っているの。でも、わたしそんな自分が大好きよ」と笑顔で答えることができるはずです。ありのままの自分を受け入れている人の前では、どんな悪口も毒気を抜かれてしまうのです。
「理想の自分」にしがみつこうとしている人は、お世辞を言われると思い上がります。「やっぱり、わたしの思っているとおりだ」と喜び、いい気になってしまうのです。ですが、ありのままの自分を受け入れている人は、そんなことがありません。「最近、お瘦せになったんじゃありません」とお世辞を言われても、「そうかしら」と軽く受け流すことができるのです。
　弱くて不完全な自分を、それでもかけがえのない大切な存在として受け入れた人は、悪口によって傷つけられることも、お世辞を言われて思い上がることもありません。どんなときでも、ありのままの自分を、自然体で生きることができるのです。

わたしたちのしていることは、
大海の一滴にすぎません。
ですが、やめてしまえば、
大海は一滴ぶん小さくなるのです。

What we are doing is just a drop in the ocean.
But if we stop our work, the ocean will be a drop less.

大海の一滴

　マザー・テレサは、自分たちのしている貧しい人々への奉仕を、大きな海に注がれる一滴のしずくにたとえました。大きな海とは、世界中の人々の心からあふれ出した愛が集まってできる「愛の海」だと思ったらいいでしょう。
　何十億の人々の中で、誰か一人が愛を注ぐのをやめたところで何も変わらないとも思えますが、マザーはそうは考えません。どんなに大きな海でも、一滴が欠ければ、その一滴ぶんだけ小さくなってしまうからです。その一滴を注ぎ続けることに、大きな意味があるのです。
　何十億の人が生きているこの世界で、たった一人のわたしの存在にどんな意味があるのか。ふと、そんな思いが心をよぎることがあります。ですが、わたしたちが生きることには必ず意味があります。たった一人でも欠ければ、この世界はそのぶんだけ不完全なものになってしまうからです。一人ひとりが

自分の命を精いっぱいに生き続ける。そのことに、大きな意味があるのです。

　この世界に存在するすべてのものには、必ず意味があるとキリスト教では考えます。草花にしても、動物にしても、神さまは何一つとして無意味なものをお創りにならないからです。わたしたちも例外ではありません。わたしたちが生まれてきたのは、生まれてくる意味があったからなのです。

　もしかするといま、人生の意味が分からないと悩み、絶望しかけている方がいるかもしれません。ですが、意味が分からないということは、意味がないということとは違うのです。いまその意味が分からなかったとしても、生まれてきた以上、わたしたちの人生には必ず意味があるのです。

　もし生きる意味が本当になくなれば、そのとき、神さまはわたしたちを天国に呼び戻すことでしょう。地上での使命を立派に果たし終えた人を、神さまは天国に呼び戻すからです。まだ生きているということは、この地上に生きる意味、果たすべき使命がまだ残っているということに他なりません。わたしたちが生きるこの一滴の命には、必ず意味があるのです。

わたしにできないことが、
あなたにはできます。
あなたにできないことが、
わたしにはできます。
力を合わせれば、きっと
すばらしいことができるでしょう。

You can do what I cannot do.
I can do what you cannot do.
Together we can do something beautiful.

わたしに
できること

　あるとき、アメリカからやって来たご婦人が、マザー・テレサに言いました。「あなたのしていることはすごすぎます。わたしには何もできません」。するとマザーは、にっこり笑って答えました。「でも、わたしにできないことが、あなたにはできますよ」。

　一生独身だったマザーにはできないこと、たとえば、家族のために料理を作ったり、掃除や洗濯をしたり、子どもを育てたりすることがあなたにはできる。それも、コルカタで貧しい人たちに奉仕するのと同じくらい大切なことですよ、とマザーは言いたかったのだと思います。

　人と自分を比べるとき、わたしたちはどうしても、自分にできないことを気にしてしまいます。そして、悲観的になって「自分には何もできない」と思い込んでしまうのです。でも、そんなことはありません。わたしたちにも、必ずできることがありま

す。ただ、できることが他の人とは違うだけなのです。一人ひとりが、自分にできることを精いっぱいすることで、わたしたちはすばらしい世界を作り上げてゆくことができる。マザーは、そう考えていました。

　この世界を、一つの舞台と思ったらいいかもしれません。わたしたちは、一人ひとりが違った役割を持って舞台に上がった役者のようなものです。もしみんなが目立つことばかりをしようとすれば、舞台はめちゃめちゃになってしまうでしょう。舞台で大切なのは、自分が目立つことではありません。一人ひとりが自分に与えられた役割を精いっぱいに果たし、みんなで力を合わせてすばらしい舞台を作り上げてゆくことなのです。

　世界という舞台では、母の物語、父の物語、働く人の物語、貧しい人に奉仕する人の物語、たくさんの物語が重なりあって、壮大な命の物語が展開していきます。一つとして、なくてもいい物語はありません。どの物語も限りなく大切です。自分の物語を精いっぱい生きることで、世界というこの舞台をもっとすばらしいものにしてゆきましょう。

傲慢で、ぶっきらぼうに
なるのはたやすいこと。
でも、わたしたちは
もっと偉大なことのために
生まれてきたのです。
わたしたちは、愛し合うために
生まれてきたのです。

It is very easy to become arrogant and impolite.
But we were born for a much greater thing.
We were born to love one another.

愛し合うために生まれた

「わたしたちは、愛し合うために生まれてきた」とマザー・テレサは言います。なぜ、そんなことが言えるのでしょう。その一番の証拠は、わたしたちは愛し合わない限り幸せになれないということです。

　誰かを傲慢に見下すことや、ぶっきらぼうで不親切な態度をとるのはとても簡単ですが、それで幸せになれるでしょうか。相手が去ってゆき、一人ぼっちになったとき、わたしたちの心には必ず後悔がやってきます。「もっと優しくしてあげればよかった。もっと親切にしてあげればよかった」と思わずにいられないのです。

　わたしたちが心の底から幸せになれるのは、誰かに優しく、親切にしてあげたとき。そうすることで、相手からも優しく、親切にしてもらえたときだけです。この事実こそ、「わたしたちは、愛し合うために生まれてきた」ということの何よりの証拠だとわたしは思います。

わたしは神父なので、ときどき「神さまが人間を創ったのなら、なぜ人間はこんなに不完全なのですか？」と質問されることがあります。その答えは、ある意味でとても簡単です。神さまが人間を不完全なものにしたのは、もし人間が、自分一人で幸せになれるほど完全な存在だったとすれば、愛し合う喜びを知ることができないからです。わたしたちは不完全だからこそ、助け合い、ゆるし合い、愛し合うことができるのです。人間は初めから、互いに愛し合うことによって幸せになり、完全なものになるよう創られているのです。
　自分が幸せになることしか考えていない人が、絶対に幸せになれないのはそのためです。愛し合うために生まれてきたわたしたちは、誰かを幸せにすることによってしか幸せになれないのです。誰かのために自分を差し出し、にっこりほほ笑んでもらえたときにこそ、わたしたちは本当の幸せを手にすることができるのです。本当の幸せを見失って迷子にならないように、「愛し合うために生まれてきた」という言葉の意味を、心にしっかりと刻みつけたいと思います。

大きなことをする必要はありません。
小さなことに、
大きな愛を込めればいいのです。

You do not have to do anything great.
Just do a small thing with great love.

小さなことに大きな愛を

「わたしたちは、愛し合うために生まれてきた」と言われても「でも、わたしには、そんなにたいしたことはできないし」と思う人がいるかもしれません。安心してください。その心配はご無用です。愛するためには、大きなことをする必要などないからです。むしろ、大きなことをするのは愛でなく、小さなことをするのが愛だと言ってもいいくらいなのです。

　人から賞賛を浴びる大きなことをするときには、たとえ貧しい人たちのために慈善活動をするにしても、どうしても「こうした方がみんなにほめられる」というような損得勘定が入り込んでしまうものです。貧しい人たちのためという思いの中に、自分のためにという思いが入り込み、愛が不純になってしまうのです。大きなことをしたいと思えば思うほど、愛は小さなものになっていくでしょう。

　それに対して、小さなことを真心込めてすると

き、そこにあるのはただ相手を思う純粋な愛だけです。たとえば、お母さんが毎朝早く起きて子どものためにお弁当を作るとき、そこにあるのは子どもを思う純粋な愛だけなのです。誰からも評価されなくても、何の得にもならなくても、ただ子どもに喜んでもらいたいという一心で朝早くからお弁当を作るお母さんの心には、確かに大きな愛があるのです。

　誰かを愛そうとするときに、「大きなこと」「小さなこと」という考え方が入り込んできたら要注意です。大きなことを求めるとき、人からの評価を求めるとき、そこには愛がないからです。もし毎朝のお弁当作りを「小さなことだから意味がない」と思うようになったら、それはわたしたちの心から子どもへの愛が消えかけているしるしなのです。

　マザー・テレサは「小さなことは小さなことにすぎません。ですが、小さなことに忠実なのは偉大なことです」とも言っています。本当に偉大なのは、自分の名声や利益を求めて大きなことばかりしたがる人ではなく、日々の暮らしの中で小さなことに大きな愛を込められる人なのです。

愛の反対は、
憎しみではありません。
愛の反対は、
無関心です。

The opposite of love is not hatred.
The opposite of love is indifference.

愛さずには
いられない

　マザー・テレサのもとにボランティアにやって来る人の多くは、初め「神さまの教えにしたがって、貧しい人たちを愛さなければ」と考えてやって来ます。ですが、その考えは、働いているうちにだんだん変わってゆきます。初めは、義務として「愛さなければ」と考えていた人も、貧しい人たちの悲惨な現実に触れるうちに心を動かされ、この人たちのために何かせずにいられない、この人たちを「愛さずにはいられない」という思いに駆り立てられてゆくのです。愛さなければ、などと考えなくても、自然に愛することができるようになってゆくのです。

　マザーの言葉を聞いて、「人々を愛さなければ」と考える必要はありません。愛とは、義務ではないからです。身の回りにいる人たちに関心を持ち、その人たちの心にある苦しみを知れば、わたしたちはその人のために何かをせずにいられなくなるでしょう。わたしたちの心は、人の苦しみを見れば放って

おけないようにできているのです。苦しんでいる人を見れば、愛さずにいられないようにできているのです。

「家族や友だちを愛さなければならないのに、愛することができない」と悩んでいる人は、まず相手に関心を持つことから始めたらいいでしょう。夫が、妻が、子どもが、友だちが、いまどんな苦しみを抱えているのか、相手の立場に身をおいて考えてみましょう。相手の苦しみに気づくことさえできれば、わたしたちは何かをせずにいられなくなるはずです。その人を愛さずにはいられなくなるはずです。

愛から最も遠いのは、相手の苦しみに心を閉ざす無関心です。自分のことばかり考えて人々の苦しみに無関心な心からは、絶対に愛が生まれてくることはないからです。マザーが「愛の反対は、無関心です」と言うのは、そういう意味です。身近にいる人たちはもちろん、新聞やテレビのニュースで知る遠くの人たちの苦しみにも関心を持ち、その苦しみを想像してみることから愛を始めてゆきましょう。

愛するために
何をしていいか分からないなら、
ほうきを持って
その人の部屋を掃除しなさい。

If you do not know what you should do to love somebody,
just bring a broom and sweep his room.

まずは掃除から

　マザー・テレサが、オーストラリアを訪ねたときのことです。「気の毒な男性がいるから、行ってあげてください」と頼まれたマザーは、シスターたちを連れてその男性のアパートへ出かけました。着いてみると彼の住む部屋はゴミで一杯。電気もついていません。
「なぜ、こんな暮らしをしているのですか」とマザーが尋ねると、彼は「どうせ誰もこの部屋には来ないから」と答えたそうです。マザーは驚きました。インドで見てきた食べ物や住まいのない貧困とは、まったく違う貧困がそこにあったからです。
　ともかくマザーは、ほうきを持って部屋を掃除することにしました。掃除していると、ゴミの山の中から素敵なランプが出てきました。「これをつけてもいいですか」とマザーが男性に尋ねると、彼は答えました。「誰かがこの部屋に来てくれるなら」。ランプをつけ、掃除が終わったあと、マザーはシスタ

ーたちに、これから定期的に彼の部屋を訪ねるよう指示しました。そして、インドに帰ったのです。しばらくして、インドのマザーのもとに彼から手紙が届きました。その手紙には、「あなたがつけてくれたランプは、今でもついている」と書かれていたそうです。

　この男性がこもっていた部屋の荒れ果てた様子と暗さは、そのまま彼の心の有様だったのでしょう。誰からも見捨てられた孤独な生活の中で、彼の心は荒れ果て、絶望の闇に閉ざされてしまったのです。マザーが訪れ、部屋を掃除したことで、彼の心には希望の光が灯りました。自分を大切にしてくれる人がいるという事実が、彼の心に希望の光を灯したのです。「あなたがつけてくれたランプは、今でもついている」という言葉は、そういう意味でしょう。

　愛するために、何も特別なことをする必要はありません。ただ、わたしたちがその人を大切に思っているということを、目に見える形で示せばいいのです。まず、家庭や職場、ご近所の掃除から始めてみてはどうでしょう。

世界で一番ひどい貧しさは、
自分は誰からも必要とされていない
と感じることです。

*The most terrible poverty in this world is
the feeling of being unwanted by everybody.*

神さまからの贈り物

　道端で死んでゆく貧しい人たちにとって、一番ひどい苦しみは飢えでも、寒さでもない。「自分は誰からも必要とされていない」と感じることだ。マザー・テレサはそう考えていました。愛し合うために生まれてきたわたしたちは、誰からも愛されないとき、誰とも愛し合うことができないとき、一番ひどい苦しみを味わうのです。愛し合うことが人間にとって最高の幸せだとすれば、誰からも必要とされないのは最悪の不幸だと言っていいでしょう。
「自分は誰からも必要とされていない」という苦しみは、貧しい国だけでなく、世界中どこにでもあります。わたしたち自身の心にさえ、この苦しみは現れるかもしれません。この苦しみを乗り越えるためには、どうしたらいいのでしょう。
「自分は誰からも必要とされていない」、そう感じたときに思い出してほしいのは、たとえ世界中の人たちから裏切られ、見捨てられたとしても、決して

わたしたちを見捨てない方がおられるということです。どんなときにもわたしたちを必要とし、わたしたちが生きているだけで喜んでくださる方がおられます。それは神さまです。

　神さまは、わたしたちに命という贈り物をくださいました。贈り物をくれた人を喜ばせるには、どうしたらいいでしょう。それは、とても簡単なことです。贈り物を喜んで受け取り、大切にすればいいのです。ですから、神さまを喜ばせるのもとても簡単です。神さまがくれた命という贈り物を喜んで受け取り、精いっぱいに生きるだけで神さまは喜んでくださるのです。誰からも必要とされなくても、何の役にも立てなくても、そんなことは関係ありません。わたしたちが、ただ自分の命を精いっぱいに生きているだけで、神さまは喜んでくださるのです。「自分は誰からも必要とされていない」、そんなことはありません。どんなときにも、わたしたちが生きているというだけで喜んでくださる方がいます。そのことを、忘れないようにしましょう。

誰かと出会うときには、
いつもほほ笑みを浮かべなさい。
愛は、ほほ笑みから始まります。

Smile whenever you meet somebody.
Love begins with a smile.

あなたに出会えて
うれしい

　誰かと出会ったとき、わたしたちがほほ笑むのはなぜでしょう。それは、相手と出会ってうれしいからです。うれしくなければほほ笑むはずがありませんから、それは間違いありません。ほほ笑むということは、つまり、「あなたに会えてうれしい」というメッセージなのです。もし心の底からほほ笑みを浮かべるなら、それだけでわたしたちは「あなたに会えて、心の底からうれしい」というメッセージを相手に伝えることができるのです。

　誰かからほほ笑みかけられてうれしいのは、そのメッセージがわたしたちの心に届いたからです。自分の存在を喜んでくれる人がいることに気づくとき、わたしたちはうれしくて仕方がなくなるのです。自分の存在を喜んでくれる相手に、こちらからもにっこりほほ笑み返すとき、2人のあいだに確かな愛の絆が結ばれてゆきます。ほんの数秒で、2人のあいだに確かな愛の絆を結ぶほほ笑みは、まさに

究極の愛のメッセージだと言っていいでしょう。
　スラム街に出かけて行くシスターたちに、マザー・テレサはよく「あなたたちは、スラム街に行って、人々の心を照らす太陽になりなさい」と言っていました。厳しい生活や孤独の中で暗く沈んだスラム街の人たちのもとに、喜んで出かけて行きなさい。きらきらと輝く笑顔で愛の光を放ち、人々の心を温もりで包み込む太陽になりなさい、ということです。この世界を、幸せな笑顔でいっぱいにしたい。それが、マザーの望みでした。
　暗い顔は、「あなたになんか興味がない。自分のことで精いっぱいだ」というメッセージしか伝えることができません。そんなメッセージは、すでにこの世の中に十分にあります。せめてわたしたちだけは、誰と出会うときにも明るい笑顔で、「あなたに会えてうれしい。あなたはとても大切な人です」というメッセージを伝えたいと思います。暗い顔でわたしたちと出会った人が、別れるときには幸せな笑顔を浮かべていたなら、こんなにすばらしいことはありません。

愛は、いつでも実っている果実であり、
手を伸ばせば届くところにあります。

Love is a fruit always in season,
and within your reach.

手を伸ばせば
そこに

　「誰もわたしのことを愛してくれない」と思って苦しんでいるとき、わたしたちが見落としがちなことがあります。それは、わたしたちが愛されたいと願っているときには、わたしたちの周りの人たちも同じように愛されたいと願っているということです。

　たとえば、「うちの主人は、仕事ばかりで家事や子育てのたいへんさをちっとも分かってくれない」と奥さんが相談に来るとき、ご主人に聞いてみるとまったく逆の言葉が返ってきます。「うちの妻は、わたしが会社でどれだけ疲れているかちっとも分かってくれない」というのです。苦しみの中にあるとき、わたしたちはつい自分の苦しみに呑み込まれ、周りの人たちの苦しみが見えなくなってしまいがちなのです。

　このことが分かっていれば、「誰もわたしのことを愛してくれない」という苦しみから抜け出すのはとても簡単です。誰かから愛してほしいなら、自分

の殻から抜け出し、周りの人たちの苦しみに目を留めればいいのです。夫が、妻が、子どもが、友だちが、いまどんな苦しみを抱えているのかに気づいて手を差し伸べればいいのです。手を差し伸べれば、その瞬間、その人とわたしたちのあいだに愛が生まれます。こうして、わたしたちは望んでいた愛の実を手に入れることができるのです。「愛はいつでも実っている果実であり、手を伸ばせば届くところにある」とマザーが言うのは、そういうことだと思います。

　先ほどの夫婦の例で言えば、家事や育児の愚痴を言う前に、ご主人に「お疲れさま。お仕事たいへんだったでしょう」と優しく声をかけたらどうでしょう。奥さんの愛に気づいたご主人は、優しい気持ちで奥さんの言うことに耳を傾けてくれるに違いありません。

「誰もわたしを愛してくれない」と思うときには、まず自分自身に「わたしは誰かを愛しているだろうか」と問いかけてみてはどうでしょう。愛は、誰かから愛されることだけでなく、誰かを愛することによっても手に入れることができるのです。

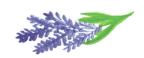

遠くの人を愛するというのは簡単です。
ですが、愛は家庭から始まるのです。

*It is easy to say, "I love somebody far away".
But love begins at home.*

愛は家庭から

　あるとき、マザー・テレサはロンドンの街角で一人の少年が道端にうずくまっているのを見つけました。「なぜ、うちに帰らないの？」とその少年にマザーが尋ねると、少年は答えました。「うちに帰っても誰もいない。お母さんはいつも忙しくて留守なんだ」。それを聞いたマザーはこう思ったそうです。「この子のお母さんは、もしかすると世界をよくするために働いているのかもしれない。でも、本当の愛は家庭から始まることを忘れている」。

　このようなことはありがちです。ボランティア活動が忙しくて子どもの世話をする時間がないお母さんや、社会貢献に熱心に取り組むあまり家に帰って来ないお父さんがいるのです。貧しい人のために奉仕するのは尊いことですが、そのために一番身近にいる家族を犠牲にするなら、それはまったく本末転倒でしょう。子どもの目から見れば、親は自分の好きなことだけをやっているエゴイストにしか見えな

いはずです。誰かを愛するなら、まずは一番身近な人から。それが、愛の大原則なのです。

　愛は、家庭から始まって全世界に広がってゆきます。家族からの愛を実感している人は、喜びにあふれて社会に出かけてゆき、愛される喜びを人々と分かち合うことができるからです。競争社会の中で疲れ、ささくれだった心も、家族と一緒に過ごすうちに癒（いや）されてゆきます。ゆっくり家族と過ごした翌日は、優しい気持ちで周りの人たちと接することができるものなのです。

　お母さんが家族のために愛情を込めておいしい料理を作ることは、社会のために役に立っていないように見えるかもしれません。ですが、料理に込められたお母さんの愛は、家族の心を満たし、全世界へと広がってゆきます。家族のために捧げられる目立たない愛こそが、実は全世界をよりよいものにしていくための原動力なのです。大きな理想を掲げるより、まず家庭から愛を始めましょう。それが、よりよい世界を作るための一番確実な方法です。

仕事に意欲を失ったら、
「何のために」と考えるのをやめ、
「誰のために」しているのかを
思い出しなさい。

*If you feel reluctant to work, stop thinking "for what",
and remember "for whom" you are working.*

愛は力

「他の団体が目的を見失って解散していくなかで、なぜあなたたちは迷いなくこの仕事を続けられるのですか？」と問われて、マザー・テレサは、「わたしたちは『何かのため』ではなく、『誰かのため』に働いているからです」と答えました。世界の平和とか、貧困のない社会の実現といった崇高な目的を掲げた団体は、目的になかなか近づけないと、「自分たちは何のためにこの活動をしているのだろう」と考えて迷いに陥る。でも、わたしたちは目の前にいる貧しい人たちのために働いているので目的を見失いようがない、ということでしょう。

「誰かのため」に働いている人は、誰かへの愛に突き動かされて働いています。「この人のために何かせずにいられない」と感じて、自発的に働いているのです。「大きな目的のために何かしなければ」と考えて、義務的に働いているわけではありません。マザーが、迷いも疲れも知らずに働き続けることが

できたのはそのためです。マザーを動かしていたのは、「苦しんでいるこの人を放っておくことはできない」という一途な思いだけだったのです。

マザーは、『キリストに倣いて』という有名な本の次の一節が大好きでした。

「愛さえあれば、どんな荷も重いとは感じない。苦労を苦労とも思わず、かえって、喜んで自分ができる以上のことをしようとする。愛している人は、なんでもできると思うので、無理だと苦情を言うことがない。疲れても怠らず、苦しめられてもおびえず、おどされても心を乱さず、あらゆる困難を乗り越えていく。」

自分がしていることが重荷や苦労と感じられるようになったら、それはわたしたちが「誰のために」しているかを忘れ、愛を忘れたしるしかもしれません。「何のためにこんなことを」という考えが浮かんできたら、すぐに打ち消し、「誰のためにしているのか」を思い出しましょう。大切な家族や、待っていてくれる人たちの笑顔を思い出せば、心の底から力がみなぎってくるに違いありません。

真実に愛し合っている人たちは、
たとえ貧しかったとしても
世界で一番幸せです。

*Those who truly love one another
are the happiest people in the world, even if they are poor.*

幸せになるために

　東日本大震災が発生した日、わたしはコルカタでボランティア活動をしていました。テレビに映し出される映像を日本から来た他のボランティアたちと一緒に見ながら、わたしは涙を流し、ただ祈らずにいられませんでした。
「こんな被害を受けて、日本はこれからどうなるのか」と心配しているわたしたちの様子を見て、マザー・テレサの３代目の後継者、シスター・プレマは次のように言いました。

「安心してください。皆さんは、この国で、貧しくても幸せに暮らす人たちの姿を見たでしょう。幸せになるために、たくさんの物は必要ないのです。」

「幸せになるために、たくさんの物は必要ない」。これは確かな真理だと思います。もしマザーが生きていれば、きっと同じことを言ったに違いありません。

心に虚しさを感じるとき、わたしたちはそれを物で満たそうとすることがあります。買い物をしたり、おいしい食事をしたりして、心の隙間を埋めようとするのです。ですが、それで虚しさが消えることはありません。なぜなら、その虚しさは、心に愛が足りないことから生まれたものだからです。買い物や食事、あるいはカラオケ、旅行、おしゃべりなどに興じたとしても、それは一時しのぎにしかなりません。わたしたちが本当に必要としているのは愛なのです。

　お金持ちだからといってちやほやされることは、愛される感覚に少し似ています。ですがそれは錯覚です。お金持ちだからといってちやほやする人は、その人が貧しくなれば離れてゆくからです。真実の愛はそんなものではありません。たとえその人がすべてを失っても、その人がその人である限り決して離れない。それが、真実の愛なのです。

　たとえ世界のすべてを手に入れても、自分の周りに偽物の愛しかないなら、その人は不幸です。逆に、どれほど貧しくても、真実の愛を手に入れたならその人は世界一の幸せ者です。「あなたがあなたである限り、決して離れない」。そんな愛を、まずわたしたちから始めてみませんか。

わたしは困難なことを
問題とは呼びません。
むしろ、チャンスと呼びます。

I do not call anything difficult a problem.
Rather, I call it a chance.

苦しみのときは、成長のとき

　すべてがうまく行っているとき、人間が成長することはない。人間は、苦しみの中でこそ成長する。マザー・テレサはそう確信していました。だからこそ、困難な状況を問題とは呼ばず、チャンスと呼んだのです。
　末期の癌を宣告された若いお母さんが、あるときこんなことを言っていました。「人生の中で、これほど自分の無力さを思い知らされたことはありませんでした。でも、不思議なのですが、これほどの苦しみの中にあっても、いつものように朝起きて、子どもたちのためにお弁当を作ることはできるのです」。このお母さんは、苦しみの中でこれまで知らなかった自分の弱さを知り、あまりの無力さに打ちひしがれました。ですが、絶対に乗り越えられないとさえ思えるほど深い苦しみの中で、そんな苦しみさえ乗り越えてゆく力が自分に隠されていたことにも気づいたのです。子どもたちのためならば、どん

な苦しみでも乗り越えてゆくことができる自分の力に気づかされたのです。
　病気や怪我、会社での失敗、人間関係のトラブルなどの深い苦しみの中で、わたしたちは自分の無力さをいやというほど味わうことになります。ですがそれと同時に、苦しみのどん底でわたしたちは、そんな苦しみさえ乗り越える力が自分にあることにも気づかされます。苦しみの中でこそ、わたしたちは自分の本当の強さに気づくことができるのです。たとえば、このお母さんのように、誰かへの愛のためならばわたしたちはどんな苦しみも乗り越えることができます。自分のためにはできないことも、愛する誰かのためならばできる。それが、人間の強さなのです。
　これまで味わったことがないほどの苦しみの中で、これまで知らなかった自分の弱さと強さを知り、本当の自分になってゆく。それこそが成長です。わたしたちは、苦しみの中でこそ成長してゆくことができるのです。苦しみのときは、わたしたちを成長させるために神さまが与えて下さった恵みのときなのかもしれません。

自分が弱いということを
知っている限り、
あなたたちは安全です。

As long as you know you are weak,
you are safe.

弱いときにこそ強い

「自分は欠点ばかりの弱い人間だ」と素直に認められるときにこそ、その人は安全だとマザー・テレサは言います。車の運転を考えてみれば分かりやすいでしょう。自分の運転技術の未熟さを自覚している人は、慎重な運転を心がけるので事故を起こすことがありません。逆に、自分は運転がうまいと思っている人は、無謀な運転をして事故を起こします。自分の弱さを知っている人の運転が、実は一番安全なのです。

　車の運転に限らず、トラブルが起こるのは自分の力を過信しているときです。「ちょっと危険かもしれないけれど、このくらいはだいじょうぶ」。車の運転でも、会社の仕事でも、家族との関係でも、トラブルが起こるのはそう思った瞬間なのです。自分の力の限界を知って、すべてのことを慎重に、丁寧に進める人は、決してトラブルを起こすことがありません。

「自分は欠点ばかりの弱い人間だ」と知っている人は、そこから成長できる人でもあります。自分は完全だと思い込んでいる人は、自分の欠点に気づくことがありませんから、そこから成長することも決してありません。ところが、自分の欠点をよく知っている人は、それを一つひとつ乗り越えて成長してゆくことができるのです。
　「自分は欠点ばかりの弱い人間だ」と知っている人は、みんなと協力できる人でもあります。自分は一人で何でもできると思い込んでいる人は、周りからの助けを拒みますが、自分の弱さを素直に認められる人は、自分の足りないところを人に補ってもらうことができるのです。みんなと力を合わせてすばらしいものを作り上げられるのは、自分の弱さを知っている人なのです。
　「自分は欠点ばかりの弱い人間だ」と思ってがっかりしている人、自分に自信がない人は、逆にそのことに自信を持ってください。自分の弱さを知っている人こそ失敗しない人、どこまでも成長してゆける人、みんなと協力できる人だからです。自分の弱さを知っている人こそ、実は一番強い人なのです。

落胆は、傲慢のしるし。
あなたはまだ、
自分の力に頼っているのです。

Disappointment is a sign of your arrogance.
You are still depending on yourself.

高い所にあるものは落ちる

　物が落ちるのはなぜでしょうか。万有引力の法則とか重力とか、いろいろ難しい答えもあるかもしれませんが、一番簡単な答えは「高い所にあるから」です。低い所にあるものは、決して落ちることがありません。物が落ちるのは、高い所にあるからなのです。

　この単純な法則が、人間の心にも当てはまります。わたしたちの心が落ち込むのは、思い上がって、自分を実際よりも高い所に置いているからなのです。自分はできる、自分は有能だと思い込んで高ぶっているからこそ、思いがけない失敗で「落胆」し、大きなショックを受けることになるのです。逆に、へりくだって自分を低い所に置いている人は、決して落ちることがありません。自分の実力をよく分かっているので、失敗を当然ありうることとして率直に受け止め、決してくじけることがないのです。

悪魔は、人間を滅ぼすためにまず成功を与えます。どんどん成功させ、どんどん思い上がらせて、その人が十分に高い所まで登ったところで一気に落として再起不能に陥れる。それが、悪魔の策略なのです。ショックを受けた人間が、「こんなはずではなかった。もうだめだ」と思えばしめたものです。実際にはまだまだやれる力が残っていたとしても、本人が「もうだめだ」と思い込めば、本当にすべてがだめになってしまうからです。わたしたちの心に生まれる傲慢は、悪魔がわたしたちを滅ぼすためにしかけた巧妙な罠だと言っていいでしょう。

　もし思いがけない失敗をして落ち込んだなら、「自分はこれまで、もっとできると思い込んでいた。でも、ここが自分の立つべき高さなのだ」と思い直しましょう。そんなことを何回、何十回と繰り返しているうちに、わたしたちは自分が本当に立つべき場所、高すぎもせず、低すぎもしない自分の場所を見つけることができるでしょう。「もうだめだ」と思ってくじけてはいけません。落ち込んだときこそ、自分が本当に立つべき場所を知るためのチャンスなのです。

わたしの心は
苦しみでいっぱいです。
愛が人を
これほどまでに苦しめるとは
知りませんでした。

I am just full of suffering.
I did not know that love could make one suffer so much.

愛ゆえの苦しみ

　マザー・テレサが亡くなったあと、マザーが生前、信頼できる神父たちに心の悩みを相談するために書いたいくつかの手紙が発見されました。それらの手紙には、どんなに祈っても神さまの愛がまったく感じられなくなってしまった苦しみ、闇の中に一人で置き去りにされたような孤独の苦しみが赤裸々(せきらら)に打ち明けられていました。どんなときにも確信に満ちた言葉で人々を導くマザーしか知らなかったわたしたちにとって、これらの手紙はとても意外なものでした。

　愛されていることをまったく実感できない闇の中で、マザーは、愛が人を苦しめることもあることに気づきました。誰かへの愛が大きくなればなるほど、その愛に気づいてもらえない苦しみ、その愛にこたえてもらえない苦しみも大きくなっていくのです。誰かを愛するということは、いつも大きな苦しみと背中合わせだということを、マザーはこのとき

身をもって体験したのでした。
　愛を生きるということは、愛にこたえてもらえない苦しみに耐えながら生きるということでもあります。愛を生きぬいたマザーは、愛するがゆえの苦しみを生きぬいた人でもあったのです。苦しみを乗り越えさせたのは、神の愛への深い信頼でした。はっきりと感じられなかったとしても、神さまは必ずわたしを愛してくれている。その確信があったからこそ、マザーは深い苦しみの闇を乗り越えることができたのです。
　目に見えない愛を信じられるかどうか。それがとても大切です。愛がいつでもはっきり実感できるものであれば、誰も愛を信じる必要などないでしょう。ときどきまったく感じられなくなってしまうことがあるからこそ、愛を信じる必要があるのです。たとえこたえがなかったとしても、相手を信じて自分のすべてを差し出し続ける愛は、まるで祈りのようなものです。祈るような気持ちで捧げ続けた愛は、いつかきっと相手の心に届いて奇跡を起こす。そのことを信じたいと思います。

わたしたちの使命は、
苦しんでいる人がいれば
世界中どこにでも行って、
その人と一緒に苦しむことです。

*Our mission is to go wherever
there are suffering people in the world,
and to suffer
with the suffering people.*

苦しみの意味

　神から愛されていることを実感できない闇のときは、数十年にわたって続きました。やがてマザー・テレサは、闇の中で苦しむこと自体を自分の使命だと考えるようになっていきます。闇の中で苦しんでいる人たちを救い出すためには、自分も闇の中で苦しまなければならない。マザーは、そう思うようになっていったのです。

　崖から落ちて骨折し、苦しんでいる人がいるとき、わたしたちはどうしたらその人を救うことができるでしょう。崖の上から見下ろして「大丈夫だー。ここまで上がってこーい」と叫んでも、何の役にも立ちません。低い所で苦しんでいる人を救いたいなら、自分も低い所まで下りなければならないのです。低い所まで下りて行って、その人を背負い、上がって来るしか方法はないのです。

　イエス・キリストが2000年前にしたのは、そういうことでした。地上で苦しんでいる人間たちを救

うために、人間となって地上に下りてきた神の子。それがイエスだったのです。イエスは地上で、人間が味わう苦しみをすべて同じように味わい、泥だらけになりながら天を見上げて、「それでも希望はある」と人間たちを励ましました。苦しみを共に担うことで、わたしたちを苦しみの闇から引き上げる方、それがイエスなのです。

　マザーは、自分もイエスと同じことをするように命じられたと考えました。苦しみの闇の底にいる人たちを救うためには、自分も苦しみの闇の底まで下りる必要がある。この苦しみは、人々を苦しみの闇の底から救い出すための苦しみなのだ、と考えるようになったのです。

　苦しみを味わった人は、同じ苦しみを味わっている人に深く共感する力を与えられます。相手の苦しみを自分の苦しみとして担うことを可能にするその共感の力こそ、相手を救うための力です。神が苦しみを与えるのは、わたしたちにその力を与えるためなのです。どんな苦しみにも必ず意味がある。そのことを信じたいと思います。

わたしは
神さまの手の中の小さな鉛筆。
神さまが考え、神さまが描くのです。

I am a little pencil in God's hand.
It is God who thinks, and who draws.

鉛筆として生きる

　自分を捨てて貧しい人々に奉仕するマザー・テレサの活動は、世界中から称賛を浴びました。ですが、マザーはほめられるたびごとに「わたしは神さまの手の中の小さな鉛筆にすぎません」と答えていました。ノーベル平和賞受賞に至るすべての活動は、神さまという画家が描いたすばらしい絵。自分はその絵を描くために神さまが使った小さな鉛筆にすぎないのだから、ほめるなら神さまをほめてくれと言うのです。
「神さまの手の中の小さな鉛筆」、この言葉にマザーの生き方が凝縮されているように思います。鉛筆の使命は、画家が思った方向に線を引くこと。だからマザーは、どんなときでも、「わたしはどちらに進んだらいいのでしょう」と神さまに尋ねながら行動する人でした。
　ときに、神さまが望む方向と、自分が進みたい方向が違うこともあります。そんなときも、マザーは

迷わず神さまが望む方向に進みました。鉛筆が自分勝手に動き始めれば、絵は台無しになってしまうからです。
「なぜ、こんな方向に行かなければならないのか」という疑問は、わたしたちが天国に召されるときに解決するでしょう。地上に描いてきた自分の人生という一枚の絵を、天国から神さまと一緒に眺めるとき、わたしたちは神さまが引いたすべての線に深い意味があったことを知るのです。

　うっかり間違って線を引いてしまっても、気にする必要はありません。神さまは間違って引いた線さえも、美しい絵の一部にしてしまうからです。間違ったあと、そこからどんな線を引くかが問題なのです。
「もう、わたしにはできない」と思うときこそ、神さまの出番。「わたしにはもうできません。ここからは、わたしを使ってあなたがしてください」と神さまに自分をすっかり委ねましょう。それが、神さまの手の中の鉛筆として生きるということです。

　神さまの手の中の鉛筆は、思い上がることも、迷うことも、後悔することも、あきらめることもありません。ただ、神さまの思いのままに線を引き続けるだけです。マザーは、そんな風に生きた人でした。

昨日は過ぎ去りました。
明日はまだ来ていません。
わたしたちにあるのは
今日だけです。
さあ、いま始めましょう。

Yesterday has gone.
Tomorrow has not yet come.
We have only today.
Let us start now.

いまを全力で生きる

「もう存在しない過去に、いつまでも縛られてはいけない」とマザー・テレサは言います。「あんなことがあったから、わたしは一生不幸だ」などと考えて、存在しない過去にいまを支配させてはいけないということです。いまを決めるのはわたしたち自身であり、わたしたちはいまを変えることができるのです。過去を振り返ることも大切ですが、それはあくまで、いまをよりよいものにするため、いまをよりよく生きるためであることを忘れてはいけません。

「まだ存在しない将来を、いまから心配する必要はない」ともマザーは言います。「わたしは将来どうなるのだろう」などと考えて、大切ないまを無駄にしてはいけないということです。将来のことを心配している暇があれば、むしろ「わたしは、いま自分がすべきことをしているだろうか」と考えた方がいいでしょう。将来は、いまの延長線上にしかないか

らです。将来のことを考えるのも大切ですが、それはあくまで、いま何をすべきかをはっきりさせ、いまをよりよく生きるためであることを忘れてはいけません。

　将来のことを心配するとき、わたしたちは、起こるかもしれない悪いことばかり想像してしまいます。実際には、悪いことが起こるのと同じくらい、あるいはそれ以上にたくさんよいことが起こるのに、よいことを想像するのは苦手なのです。人間の想像力には、構造的な欠陥があると言っていいでしょう。神さまは、苦しみを与えるとき、それを乗り越えるための力も必ず与えてくださいます。いまから心配する必要はないのです。

　「愛は、いつでもいまを生きる」とマザーは言います。いま目の前で苦しんでいる人に、いま手を差し伸べることこそ愛だからです。過去のことや将来のことばかり考えるなら、いま目の前にある愛を見過ごしてしまうかもしれません。いま生きるべき愛を生きるために、いまをしっかりと見つめたいと思います。愛は、いまこの瞬間から始まるのです。

おわりに
～美しく生きる～

　マザー・テレサのもとで働き始めて数か月が過ぎた頃、まったく思いがけないことが起こりました。いつものようにボランティア活動を終え、夕方の祈りに参加するためマザーの住む修道院に戻ったときのことです。聖堂の前で知り合いのシスターと立ち話をしていると、事務所の方からマザーがやって来ました。マザーはわたしの前で立ち止まると、突然、大きな手でわたしの腕をつかみ「いつまで迷っているのですか」と言いました。わたしが人生に迷ってコルカタまで来たことを知っていたからでしょう。そして、次にまったく思いがけないことを言ったのです。「あなたは神父になりなさい」。「数か月間のボランティアも美しいことだけれど、もっと美しい人生があなたを待っています。それは、神さまに自分の一生を捧げることです」。

　自分のことだけを考えて生きる人生は見苦しい。自分を捨てて愛のために生きる人生こそ美しい。マザーは、そう考えていました。外見を磨くことばかりがもてはやされるいまだからこそ、このような内側から輝き出す美しさを大切にしたいと思います。心が愛で満たされ、言葉や表情、仕草から喜びがあふれ出している人こそ、本当に輝いている人。その人の美しさは、年齢によって失われることのない美しさ、むしろ歳を重ねれば重ねるほど磨きがかかる美しさです。わたしたちの心を励まし、燃え上がらせてくれるマザーの言葉を手に、美しい人生へと旅立ちましょう。

2015年3月　片柳弘史

〈著者略歴〉

文・片柳弘史（かたやなぎ・ひろし）

1971年埼玉県上尾市生まれ。1994年慶應義塾大学法学部法律学科卒業。1994〜95年コルカタにてボランティア活動。マザー・テレサから神父になるよう勧められる。1998年イエズス会入会。2008年上智大学大学院神学研究科修了。現在は山口県宇部市で教会の神父、幼稚園の園長補佐、刑務所の教誨師（きょうかいし）として働く。『カルカッタ日記〜マザー・テレサに出会って』『祈りへの旅立ち〜マザー・テレサに導かれて』『マザー・テレサ　カレンダー』（いずれもドン・ボスコ社）など著作多数。全国放送のラジオ番組『心のともしび』原稿執筆者。IECにて、通信制の社員研修講座『人として大切なこと〜マザー・テレサの心に学ぶ』開講中。

- 片柳神父のブログ「道の途中で」
  http://d.hatena.ne.jp/hiroshisj
- ツイッターから本書への感想をお寄せください。
  アカウント　@hiroshisj

絵・世界中に笑顔を広げるアーティスト　RIE

1982年大阪府堺市生まれ。2002年京都嵯峨芸術短期大学陶芸学科卒業。2005年ボルネオ島のある村を訪れ一人の少女に出会う。貧しくても、感謝の気持ちと笑顔を忘れない少女との触れ合いを通して「きっと豊かさは彼女の心の中にあるのだろう」と感じる。帰国後、ボルネオ島滞在で気づかせてもらった「心の豊かさ・人の温かさ」を日本中に、そして世界中に広げたいという想いを込めて絵を描き続けている。2009年日本テレビ「おしゃれイズム」スタジオアート作品提供。2011年宮城県南三陸町を訪問。震災復興支援の絵を贈呈。2014年『愛をうけとった日』（学研パブリッシング）を出版。その他、個展等幅広いジャンルで活躍している。

- 公式HP：http://www.mongara-art.com/

ブックデザイン　本澤博子

世界で一番たいせつなあなたへ
マザー・テレサからの贈り物

| 2015年3月25日 | 第1版第1刷発行 |
| 2018年3月27日 | 第1版第13刷発行 |

著　　　者	片柳弘史（文）
	RIE（絵）
発　行　者	後藤淳一
発　行　所	株式会社PHP研究所

東京本部　〒135-8137　江東区豊洲5-6-52
　　　　　　第一制作部　☎03-3520-9615（編集）
　　　　　　　　普及部　☎03-3520-9630（販売）
京都本部　〒601-8411　京都市南区西九条北ノ内町11
PHP INTERFACE　https://www.php.co.jp/

| 制作協力・組版 | 株式会社PHPエディターズ・グループ |
| 印刷所・製本所 | 図書印刷株式会社 |

Ⓒ Hiroshi Katayanagi & Rie 2015 Printed in Japan
ISBN978-4-569-82419-2
※本書の無断複製（コピー・スキャン・デジタル化等）は著作権法で認められた場合を除き、禁じられています。また、本書を代行業者等に依頼してスキャンやデジタル化することは、いかなる場合でも認められておりません。
※落丁・乱丁本の場合は弊社制作管理部（☎03-3520-9626）へご連絡下さい。送料弊社負担にてお取り替えいたします。

マザーの直筆をなぞる
こころの書写

I will, I want,
with God's blessing
be Holy.

"わたしはなる、わたしはなりたい、
神さまの祝福のうちに、神さまに仕える者に。"

　文字には書いた人の魂が宿ると言います。マザーの直筆の文字をなぞることで、マザーの魂に触れてみましょう。文字からあふれ出すマザーの愛で、わたしたちの心が満たされますように。